Mathilde Paris
Maud Liénard - Estelle Tcha

Dis Pourquoi ?

sauvons la planète

DEUX COQS D'OR

SOMMAIRE

Jeux
Stylo en main !

C'est quoi, la pollution ? 1

La pollution, c'est tout ce qui abîme notre environnement en y introduisant des substances. Ces substances (monoxyde de carbone, métaux lourds, composés organiques volatiles) sont en grande partie produites par l'activité des êtres humains. La pollution s'attaque à l'air, à l'eau, au sol, au corps humain...

2 C'est quoi, l'écologie ?

L'écologie est une science qui étudie l'environnement et les relations des êtres vivants avec cet environnement, mais aussi des êtres vivants entre eux.

C'est quoi, l'empreinte carbone ? 3

L'empreinte carbone sert à mesurer la pollution des hommes en calculant la quantité de gaz carbonique — le CO_2, principal gaz polluant — produite par leurs activités.

4

C'est quoi, le développement durable ?

C'est le fait de continuer à développer les activités humaines tout en protégeant la planète pour les générations futures. Le développement durable vise à améliorer la qualité de vie des êtres humains sans que ce soit au détriment de notre environnement.

5

C'est quoi, l'empreinte écologique ?

L'empreinte écologique estime la quantité de surface terrestre et d'eau que nous exploitons pour produire ce dont nous avons besoin. Elle se calcule selon le mode de vie : notre alimentation, nos activités, notre consommation d'eau, d'énergie, ou encore les déchets que nous générons. Moins on consomme et plus notre empreinte écologique est faible ! Mais elle est aujourd'hui trop élevée : nous consommons plus que ce que la nature peut produire ou absorber !

6

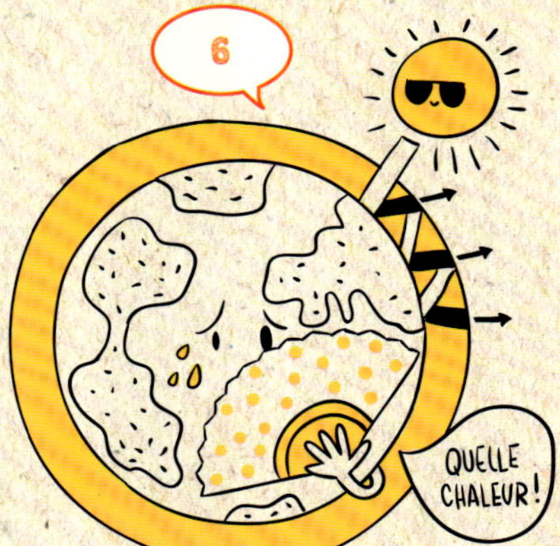

Pourquoi la Terre se réchauffe-t-elle ?

Les rayons du Soleil frappent le sol de la Terre puis sont renvoyés vers l'espace. Mais la pollution, qui forme comme un grand bouclier autour de la Terre, empêche ces rayons de bien ressortir. La chaleur stagne sur Terre. Ce principe, appelé « effet de serre », commence à devenir dangereux car il est de plus en plus fort : la température sur Terre augmente d'année en année.

7

Pourquoi le niveau de la mer monte-t-il ?

À cause du réchauffement climatique, la banquise et les glaciers fondent, ce qui provoque la montée du niveau des océans et des mers. En 50 ans à peine, le niveau s'est élevé de 10 cm. Si la température continue à augmenter, le problème va s'accentuer.

8

Pourquoi parle-t-on de dérèglement climatique ?

La température augmente, mais ce n'est pas le seul problème. Le réchauffement climatique intensifie les catastrophes naturelles. Ainsi, les ouragans sont plus intenses, les pluies tombent plus dans les endroits humides, tandis que la chaleur augmente dans les régions déjà sèches. Les feux de forêt sont également de plus en plus fréquents.

9

Pourquoi parle-t-on de « réfugiés climatiques » ?

Sur notre planète, de nombreux lieux d'habitation sont menacés. Par exemple, les gens qui habitent trop près des côtes ou dans certains pays d'Afrique où la sécheresse gagne du terrain devront sans doute déménager. C'est ce qu'on appelle des réfugiés climatiques : des personnes obligées de fuir leur lieu de vie à cause des changements climatiques.

Comment pourrait-on ralentir ce réchauffement ?

10

En diminuant la pollution que l'activité humaine génère ! Acheter des fruits et légumes locaux permet, par exemple, de diminuer les transports et donc la pollution ; manger moins de viande (voir p. 48) ; lutter contre la déforestation pour préserver la qualité de l'air (voir p. 32) ; réduire sa consommation d'énergie grâce à des machines qui consomment peu ; privilégier la marche à pied, le vélo ou les transports en commun... On peut tous agir à notre niveau !

Le changement climatique, ça implique quoi ?

Le réchauffement climatique est l'un des grands enjeux du XXIe siècle. La modernisation, les avancées technologiques, les transports, la population mondiale en croissance régulière… Tout cela contribue à générer une pollution qui réchauffe notre planète en souffrance. C'est aux êtres humains d'agir !

① Selon les prévisions des spécialistes, quelle température fera-t-il à Paris le 18 août 2050 ?

A. 24 °C ; B. 33 °C ; C. 40 °C

Les réponses se trouvent en page 100.

③ Quelle température moyenne fait-il sur Terre ?
A. 8 °C ; B. 15 °C ; C. 20 °C

② Parmi ces villes, laquelle pourrait être inondée avec la montée des eaux ?
A. Paris
B. Prague
C. Singapour

④ Parmi ces chefs-d'œuvre de la nature, lequel risque de disparaître à cause de l'augmentation de la température de la mer ?
A. La grande barrière de Corail
B. Le volcan l'Etna
C. Le Mont-Blanc

Qu'est-ce qui pollue l'air ? 11

La liste est longue ! Les usines qui rejettent des fumées dans le ciel ; les transports à l'origine de gaz qui réchauffent le climat ; les produits ménagers et cosmétiques contenant des composants toxiques qui se dispersent dans l'air… Tous ces polluants menacent la végétation, les animaux, les êtres humains et la planète.

12

Pourquoi ne voit-on pas la pollution ?

Comme tous les autres gaz, ceux responsables de la pollution sont invisibles. Parfois, on peut voir comme un nuage de fumée formé par la pollution, mais la plupart du temps, on ne se rend pas compte qu'on est entouré de pollution.

13 Certains phénomènes naturels produisent-ils de la pollution ?

Oui ! Les volcans, les éclairs ou encore les incendies peuvent générer de la pollution. Les feux de forêt, par exemple, sont à l'origine d'une pollution de l'air, du sol et de l'eau. Ils rejettent de grandes quantités de CO_2, un gaz à effet de serre qui réchauffe la planète. C'est la même chose pour les volcans : lors de leurs éruptions, ils éjectent toutes sortes de poussières et de gaz, dont le CO_2.

14 Pourquoi y a-t-il plus de pollution de l'air dans les grandes villes ?

Tout simplement parce qu'il y a une plus grande concentration de véhicules, notamment de voitures ! L'air que nous respirons est pollué par les gaz d'échappement. Plusieurs villes tentent de résoudre le problème en diminuant les voitures dans certaines zones, en limitant la circulation de voitures très polluantes grâce à des vignettes, ou encore en réduisant les places de stationnement pour inciter les automobilistes à prendre les transports en commun.

Quel est l'impact de la pollution sur notre santé ?

Respirer est vital, mais l'air que nous respirons contient différents polluants qui peuvent être mauvais pour notre santé.
Certains effets peuvent être immédiats, d'autres, à plus long terme.
Voici quelques conséquences de la pollution sur notre santé :

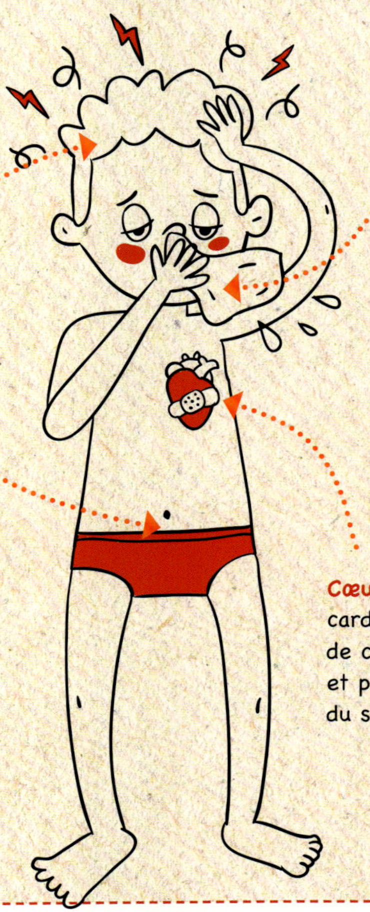

Cerveau : maux de tête, anxiété.

Système respiratoire : irritations et sentiment de gêne dans la gorge, difficultés à respirer, allergies, asthme, inflammation.

Système reproducteur : difficulté à concevoir un enfant, fausse couche.

Cœur et sang : troubles cardiaques, formation de caillots dans le sang et pression trop forte du sang dans les artères.

Ces conséquences peuvent bien évidemment varier en fonction de certains facteurs comme par exemple l'âge, les conditions de vie (par exemple le fait de fumer ou non et de manger sainement), l'état de santé général, la durée d'inhalation de la pollution ou encore la nature de cette pollution.

Quel est l'impact de la pollution sur l'environnement ?

La pollution de l'air, dite « atmosphérique », affecte la nature et le comportement de la faune et de la flore. Voici quelques conséquences de la pollution sur l'environnement :

Disparition d'espèces : l'ensemble des modifications engendrées par la pollution peut provoquer l'empoisonnement et la disparition d'espèces.

Modification des milieux : quand une forêt, un marécage ou une rivière sont trop pollués, les conditions de vie des animaux et végétaux qui y vivent se dégradent.

Attention ! La pollution de l'air n'a pas uniquement des effets négatifs sur l'homme et l'environnement, elle influence aussi directement le climat.

Il existe des espèces végétales ou animales qu'on appelle des bio-indicateurs qui permettent d'évaluer la qualité de l'environnement :

Le lichen : l'absence de lichen est un indicateur de pollution de l'air dans une forêt.

Le tabac et le trèfle : ils sont très sensibles à la présence d'ozone, un gaz toxique et dangereux à respirer.

Les abeilles : une baisse de l'activité de la colonie ou une mortalité importante peut traduire une pollution atmosphérique.

Les escargots d'eau douce : ils sont utilisés pour évaluer les taux de polluants dans les stations de traitement des eaux usées.

Les transports

① Parmi ces 3 moyens de transport, lequel est le moins polluant sur cette page ?

A. La trottinette
B. La moto
C. Le bus

Les réponses se trouvent en page 100.

L'info en plus : l'avion est considéré comme le moyen de transport le plus polluant, surtout sur des distances moyennes. Mais pour le comparer à la voiture, il faut aussi prendre en compte le nombre de passagers et le nombre de kilomètres pour avoir une vision plus juste.

② Cite les 3 moyens de transport qui produisent le moins de CO_2 sur cette page.

③ Quel type de gaz les transports émettent-ils ?

A. Du dioxyde de carbone (CO_2)
B. Du dioxygène (O_2)
C. Du néon (Ne)

Pourquoi les voitures polluent-elles ?

Qu'elles fonctionnent à l'essence ou au diesel, les voitures rejettent dans l'atmosphère du CO_2, des gaz toxiques appelés gaz à effet de serre. Ceux-ci sont à la fois mauvais pour l'environnement et pour notre santé. La France est l'un des pays européens les plus pollueurs en matière de circulation automobile.

16

Est-ce que c'est vrai qu'une voiture électrique ne pollue pas ?

La voiture électrique ne rejette pas de CO_2 puisqu'elle ne brûle ni essence ni diesel ! Mais elle est loin d'être irréprochable, malheureusement : sa construction demande plus d'énergie que celle d'une voiture classique et nécessite des matériaux très polluants. De plus, pour recharger la batterie, il faut de l'électricité. Une électricité qui, selon les pays, peut être produite à partir de matériaux polluants ou dangereux pour la santé.

Pourquoi faut-il essayer de privilégier les transports en commun ?

17

Tout simplement parce qu'un bus ou un train permet de faire voyager beaucoup plus de personnes qu'une voiture. Ces deux modes de transport polluent donc beaucoup moins que la voiture. Il est très difficile de faire un classement de pollution des transports, ce qui est sûr c'est que, s'il est possible d'éviter de prendre la voiture, c'est mieux !

18

Qu'est-ce que c'est, le covoiturage ?

Les transports sont responsables de 30 % des gaz à effet de serre en France, de quoi inciter à prendre le vélo, la trottinette ou à utiliser ses pieds ! Mais parfois, on ne peut pas se passer de voiture. Le mieux est alors de prendre des passagers et de rouler à plusieurs. Une voiture pour 4 personnes, c'est beaucoup moins polluant que 4 voitures pour 4 personnes ! C'est ce qu'on appelle le « covoiturage » : un moyen écologique, économique et convivial de se déplacer.

19

Est-ce qu'utiliser Internet pollue ?

C'est une pollution qu'on oublie souvent, et pourtant elle existe ! Un clic, une recherche, envoyer un mail, visionner une vidéo, écouter un morceau de musique... Tous ces gestes qui font désormais partie de notre quotidien consomment de l'électricité et génèrent de la pollution. Envoyer un simple mail rejette 10 g de CO_2, encore plus s'il y a une pièce jointe !

Qu'est-ce que c'est, un centre de données ?

20

Le problème vient essentiellement des centres de données, également appelés « *data center* », qui sont plus de 4 000 dans le monde entier. Ce sont de grands entrepôts extrêmement gourmands en électricité et souvent alimentés par des énergies dites « fossiles » comme le pétrole, le gaz et le charbon, et donc très polluants. À chaque fois qu'on utilise Internet, des transferts de données sont opérés à partir de ces centres, et donc on consomme de l'énergie.

Comment peut-on diminuer la pollution numérique ?

21

Des petits gestes peuvent être faits pour réduire cette pollution numérique : se désinscrire des newsletters qui envahissent les boîtes mail, effacer les mails au fur et à mesure, taper si possible l'adresse d'un site directement dans la barre de recherche plutôt que de faire une recherche, utiliser des moteurs de recherche qui s'engagent à planter des arbres (ou autre), lutter contre le courrier indésirable, éviter d'ouvrir plusieurs pages en même temps...

Pourquoi le stockage des e-mails est-il un problème ?

22

Les mails qui sont dans nos boîtes mails sont stockés dans les centres de données. On appelle cela la « pollution dormante ». Un message conservé dans notre boîte mail fait tourner les serveurs du *data center* en permanence et nécessite à lui seul une quantité d'énergie non négligeable. Multiplié par le nombre de mails dans une boîte mail, puis par le nombre d'utilisateurs dans le monde, on obtient une pollution importante.

23

Pourquoi vaut-il mieux éviter les sprays pour purifier l'air ?

Loin de purifier l'air comme ils prétendent le faire, les sprays qu'on vaporise dans nos habitations sont au contraire une grande source de pollution intérieure contre laquelle il faut lutter. De plus, ils contiennent souvent des composants qui peuvent provoquer des allergies. Il vaut mieux ouvrir la fenêtre que de vaporiser un produit qui, malgré son odeur agréable, sera mauvais pour la nature et l'être humain !

Pourquoi avoir les cheveux doux peut-il polluer la planète ?

24

Pour que nos cheveux soient doux, les shampoings comportent souvent du silicone, un produit mauvais pour l'environnement : en se volatilisant dans l'air une fois appliqué, il devient source de pollution. Ensuite, n'oublions pas que la plupart des shampoings sont vendus sous forme de bouteille plastique qui ne sont pas forcément recyclées. Heureusement, de plus en plus de shampoings sont sans silicone, et on peut aussi opter pour un shampoing solide sans contenant plastique !

Pourquoi faut-il faire le ménage avec des produits naturels ?

25

Parce que les produits d'entretien classiques sont remplis de produits chimiques, d'ingrédients qui provoquent des allergies et de parfums artificiels inutiles. Contrairement aux substances naturelles ! Les anciennes générations se contentaient d'utiliser du vinaigre blanc et du bicarbonate de soude, deux produits naturels qui redeviennent à la mode aujourd'hui !

26

Comment les médicaments peuvent-ils polluer les rivières ?

La plupart des médicaments que nous ingérons sont évacués de notre corps par l'urine : on fait pipi, puis on tire la chasse d'eau, et l'eau est ensuite traitée. Mais des particules arrivent jusqu'aux rivières et contaminent les milieux aquatiques. C'est le cas également avec les antibiotiques donnés aux animaux dans les élevages intensifs.

27

Pourquoi les vêtements peuvent-ils être dangereux pour l'environnement ?

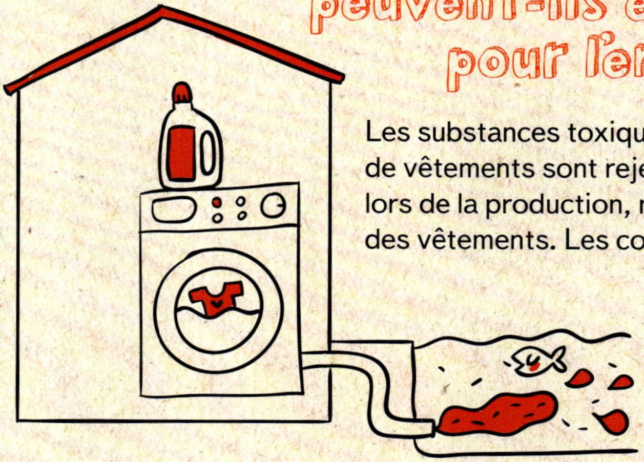

Les substances toxiques contenues dans beaucoup de vêtements sont rejetées dans l'environnement lors de la production, mais aussi lors du lavage des vêtements. Les composés sont ainsi évacués dans les eaux usées et sont rarement éliminés dans les stations d'épuration. On les retrouve donc dans l'environnement et notamment dans les milieux aquatiques.

Pourquoi faut-il laver les vêtements neufs ?

28

Même les vêtements et chaussures contiennent des produits chimiques ! Un passage en machine permet de réduire ces substances qui sont à la fois irritantes et pleines de perturbateurs endocriniens, des composés pouvant affecter différentes fonctions de l'organisme. Il faut veiller à acheter des vêtements, draps et serviettes avec des labels qui garantissent l'absence de produits toxiques comme le label CONFIANCE TEXTILE 100 ou OEKO-TEX standard 100.

Pourquoi parle-t-on de gaspillage textile ?

L'industrie textile pollue notre planète et épuise nos ressources naturelles ! Et pourtant, des grandes enseignes de la mode se permettent de jeter ou détruire des tonnes de vêtements invendus. Un gaspillage qui est révoltant de nos jours quand on sait qu'une partie de la population mondiale a encore du mal à s'habiller correctement.

Comment acheter un vêtement bon pour soi et la nature ?

Il existe des solutions pour limiter la pollution et les produits toxiques ! Voici quelques exemples : ne pas acheter des produits en matières synthétiques qui polluent plus que les sacs en plastique ; acheter des vêtements 100 % coton qui seront plus faciles à recycler ; privilégier les vêtements avec un label qualité et le coton bio ; donner les vêtements trop petits ou qu'on ne porte pas ; acheter des vêtements fabriqués en France (moins de kilomètres pour arriver jusqu'à nous, donc moins de pollution)...

31

Pourquoi certains animaux sont-ils menacés ?

Aujourd'hui, de nombreuses espèces animales sont menacées d'extinction. Certains animaux n'ont plus de place pour vivre, c'est le cas, par exemple, de l'orang-outan qui vit dans des forêts, abattues pour y planter des palmiers à huile. D'autres espèces meurent à cause de produits chimiques qui sont rejetés dans la terre et les rivières ou encore de plastiques (comme le cachalot et les tortues). D'autres encore sont tuées par des espèces envahissantes, comme la coccinelle asiatique apportée par l'homme, qui mange les coccinelles de nos jardins.

Pourquoi faut-il sauver les vers de terre ?

32

Les vers de terre nourrissent les sols, et les sols nourrissent les plantes qui nous nourrissent : c'est un cercle vertueux nécessaire. De plus, en creusant leurs galeries, les vers de terre facilitent la pénétration de l'eau dans les sols. Avec la diminution du nombre de vers de terre dans les champs, l'eau de pluie a du mal à être drainée et elle déborde. Les pesticides de l'agriculture intensive sont responsables de leur disparition. Or, sans ver de terre, c'est l'être humain qui est menacé.

33

Pourquoi les moineaux disparaissent-ils ?

Dans les campagnes ou dans les villes, c'est le même constat : les oiseaux disparaissent. C'est le cas notamment des moineaux dont la population a beaucoup diminué ces dernières années. Cette disparition est directement liée à l'activité humaine : agriculture intensive, produits chimiques, urbanisation, chasse, déforestation, animaux domestiques… Tout cela fragilise les oiseaux. Pour aider les moineaux qui ont du mal à faire leur nid, il est possible d'installer sur un balcon ou dans la cour d'un immeuble des nichoirs qui pourront les abriter.

34

Pourquoi l'ours polaire est-il en danger ?

Les ours polaires sont très bien adaptés à leur milieu naturel qui est la banquise : des oreilles courtes pour limiter la perte de chaleur, une bonne couche de graisse sous la peau quand la nourriture se fait plus rare, la peau noire (cachée sous leurs poils blancs) pour absorber la chaleur du soleil… Seulement voilà, la banquise, vitale à l'ours polaire, fond. Avec la réduction de la surface de la banquise, la période de chasse de l'ours blanc se raccourcit, et sa santé décline. Le manque de nourriture est la cause principale de la mortalité des oursons.

Le braconnage

Si certains animaux disparaissent à cause du réchauffement climatique ou de la pollution, d'autres sont victimes du braconnage, c'est-à-dire la pêche ou la chasse sans permis et de façon illégale (pour se nourrir, fabriquer des pommades ou des objets...). De nombreux animaux sont aujourd'hui en danger.

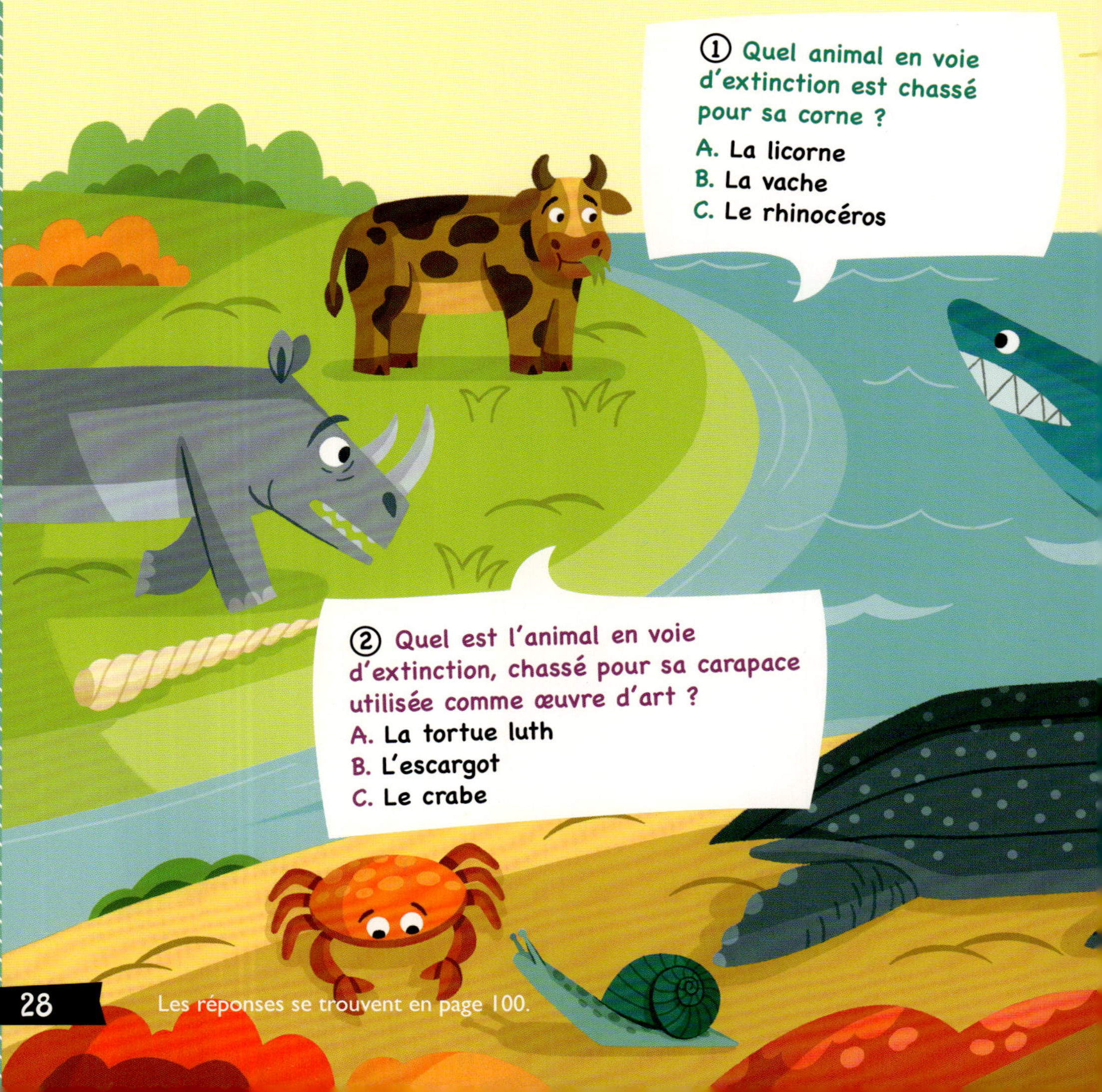

① Quel animal en voie d'extinction est chassé pour sa corne ?

A. La licorne
B. La vache
C. Le rhinocéros

② Quel est l'animal en voie d'extinction, chassé pour sa carapace utilisée comme œuvre d'art ?

A. La tortue luth
B. L'escargot
C. Le crabe

Les réponses se trouvent en page 100.

③ Quelle partie du corps du requin est très convoitée par les braconniers ?

A. Les dents
B. L'aileron
C. La queue

④ Quel animal, également menacé par la déforestation, est chassé pour sa viande et ses mains ?

A. L'ours
B. Le gorille des montagnes
C. Le koala

Pourquoi parle-t-on autant des abeilles ?

35

Depuis quelques années, il y a de moins en moins d'abeilles. Elles ont même disparu sur certaines zones ! Ce phénomène porte le nom de « Syndrome d'effondrement des colonies d'abeilles » : sans que personne ne puisse en expliquer la cause, les ruches se vident de leurs abeilles, mais on ne retrouve aucun cadavre à proximité. C'est un mystère !

36

Pourquoi les abeilles sont-elles en danger ?

Au-delà de ces disparitions inexpliquées, l'utilisation massive de pesticides (produits visant à traiter les cultures contre les insectes) serait la première cause de mortalité des abeilles. À petite dose, ils agissent sur le système nerveux de l'abeille qui n'est plus capable de retrouver sa ruche. À haute dose, ils tuent l'abeille. Certains pesticides commencent à être interdits, mais leur présence dans l'environnement peut durer plusieurs années.

Qu'est-ce qu'un insecte pollinisateur ?

Les insectes pollinisateurs permettent aux plantes à fleurs de se reproduire. Si certaines plantes sont pollinisées par le vent, la plupart d'entre elles le sont par les insectes qui viennent butiner pour se nourrir, et transportent ainsi involontairement les grains de pollen d'une fleur à une autre. Les abeilles, les papillons, les bourdons, les fourmis, les coccinelles ou encore les scarabées font partie des meilleurs pollinisateurs.

37

Que peut-on faire pour aider les abeilles ?

38

Toi aussi, tu peux aider les abeilles ! D'abord en consommant du miel français issu de petits apiculteurs. Si tu as un jardin, un potager, un balcon, tu peux agir directement ! Il te suffit de cultiver — sans pesticide ! — des plantes qui les attirent. Melon, fraise, thym, romarin, trèfle, crocus, lavande, sauge, tournesol, coriandre, cosmos, capucine... L'abeille est un insecte gourmand qui aime beaucoup de variétés !

Pourquoi la disparition de l'abeille a-t-elle des effets sur l'environnement ?

39

80 % des cultures dépendent de l'action des insectes pollinisateurs ! En pollinisant les plantes à fleurs, les abeilles garantissent la reproduction de nombreuses espèces végétales. Sans abeilles : pas de tomates, de courgettes, de fraises ou encore de pommes... C'est donc la population mondiale qui dépend de cette pollinisation.

Pourquoi les forêts sont-elles en danger ?

40

Chaque année, 13 millions d'hectares de forêts disparaissent dans le monde, l'équivalent d'environ 40 terrains de foot par minute ! À cause des hommes qui abattent les arbres, mais aussi à cause de la pollution, de catastrophes naturelles comme les incendies et de certaines maladies qui tuent les arbres, la forêt est devenue vulnérable.

Qu'est-ce que c'est, la déforestation ?

41

Pour chercher de l'or, du pétrole, construire des maisons, des routes ou encore pour mettre en place de nouvelles cultures, les hommes détruisent les forêts. Parce que les besoins humains augmentent, et qu'on ne laisse plus le temps à la forêt de repousser, elle disparaît. C'est ce que l'on appelle la déforestation.

42

Pourquoi faut-il éviter l'huile de palme ?

La cause principale de la déforestation est l'agriculture. L'activité agricole peut prendre différentes formes : l'élevage, le caoutchouc, la pâte à papier, mais aussi la culture trop intensive comme c'est le cas actuellement avec le soja et l'huile de palme. De ce fait, consommer des produits avec de l'huile de palme contribue à détruire les forêts.

43

Pourquoi faut-il préserver les forêts ?

Pour plusieurs raisons ! D'abord parce que les arbres sont utiles pour notre quotidien et fournissent des meubles ou du papier, ensuite parce que les forêts abritent une grande variété de faune et de flore. C'est comme une grande maison peuplée d'espèces différentes !
Et enfin parce que les forêts sont les poumons de la Terre : en absorbant le CO_2 présent dans l'air, les arbres permettent de limiter le réchauffement climatique.

44

Quels gestes simples peut-on adopter au quotidien ?

Éviter les produits avec de l'huile de palme ; utiliser du papier recyclé ; acheter des meubles issus de bois qui ont le label FSC qui garantit une bonne gestion des forêts ; soutenir une association qui plante des arbres dans les régions les plus touchées ; ne pas jeter de mégot de cigarette dans la forêt ; ne pas faire de feu n'importe où... Voilà autant de gestes qui peuvent aider nos forêts !

Les océans

① **Pourquoi le niveau des océans monte-t-il ?**

A. Parce qu'il y a de plus en plus de poissons.
B. Parce qu'il pleut de plus en plus.
C. À cause de la fonte des glaciers.

② **Parmi ces produits, lequel est un fléau pour les océans :**

A. La crème solaire
B. La confiture
C. Les crottes d'oiseau

Les réponses se trouvent en page 100.

À cause du réchauffement climatique, des déchets que nous jetons, des courants marins, nos océans commencent à ressembler à des poubelles qui menacent de déborder. Heureusement, la prise de conscience est mondiale : ça ne peut plus durer !

③ À quoi sont comparés les déchets plastiques dans l'océan ?

A. Un îlot
B. Un continent
C. Un paquebot

④ Quelle matière met en danger les animaux marins ?

A. La laine
B. Le coton
C. Le plastique

45

Pourquoi les animaux marins sont-ils menacés ?

Beaucoup de menaces pèsent sur la vie marine : la pollution, le réchauffement de l'eau, la pêche intensive ou encore le braconnage (pêche illégale)... L'homme n'est pas assez respectueux des fonds marins. De nombreuses espèces se retrouvent ainsi en voie de disparition, notamment la tortue à écailles, le marsouin du Pacifique, le thon rouge ou encore la baleine bleue, le plus grand mammifère présent sur notre planète.

Pourquoi les poissons sont-ils contaminés au mercure ?

46

Le mercure est un élément chimique généré par l'homme dans différentes activités industrielles. Lorsqu'il arrive dans les océans, il est assimilé par les organismes vivants. Plus ceux-ci sont gros, plus ils sont contaminés. Les petits poissons comme le hareng et maquereau tacheté représentent très peu de danger s'ils sont mangés par l'homme, mais il ne faut pas consommer du tout de thon rouge, d'espadon, de maquereau roi ou de requin !

47

Pourquoi la pêche industrielle met-elle en danger les océans ?

On ne « produit » pas du poisson comme on produit des pommes de terre ou des fraises ! On a tendance à oublier que les poissons ont besoin de temps pour se reproduire. La pêche industrielle exploite de façon beaucoup trop intensive les fonds marins qui sont ainsi menacés de disparition. Le thon rouge, par exemple, est pêché en trop grande quantité et souvent de façon illégale.

48

C'est quoi, la pêche durable ?

La pêche durable permet de répondre à nos besoins de façon raisonnée tout en préservant les océans pour les générations à venir ! Elle respecte quelques règles importantes, comme : ne pas pêcher en zone fragile, ne pas pêcher plus que ce qui semble nécessaire, ne pas cibler les espèces les plus menacées ou encore interdire le chalutage de fond. Le chalut de fond est un grand filet remorqué par un navire qui attrape les poissons sans aucune sélection et abîme les habitats et organismes en raclant le fond. Une question de bon sens !

49

Pourquoi faut-il boire l'eau du robinet ?

L'eau qui coule du robinet provient des cours d'eau à proximité. Elle est traitée et testée. Les seules différences avec l'eau de source en bouteille sont le prix (l'eau est beaucoup moins chère quand elle sort du robinet) et surtout la pollution : en France, actuellement, seule la moitié des déchets plastiques sont recyclés. Les bouteilles en plastique génèrent donc une pollution inutile !

50

Est-ce que tout le monde a accès à l'eau potable ?

Non ! 1 personne sur 5 dans le monde n'a pas accès à l'eau potable ! Même si des progrès ont été réalisés ces dernières années, l'eau potable n'arrive pas partout. Or, elle est indispensable ! Pour que cela change, il faudrait lutter contre la pollution en recyclant systématiquement les eaux usées, diminuer les pertes et faire la chasse au gaspillage.

Pourquoi l'eau a-t-elle besoin d'être traitée avant d'arriver au robinet ?

Malheureusement, l'eau subit la pollution de l'homme. Les causes sont nombreuses : par exemple, même si les entreprises doivent traiter l'eau avant de la rejeter dans la nature, certaines déversent des produits chimiques dans les rivières. Les agriculteurs, quant à eux, utilisent parfois des produits appelés « pesticides » qui s'infiltrent dans la terre et partent dans les rivières et les eaux souterraines. Nos lessives, les mégots jetés par terre et les antibiotiques peuvent également polluer l'eau !

51

combien de litres d'eau faut-il pour produire ou fabriquer...

52

1 voiture : 400 000 l
1 kg de chocolat : 17 000 l
1 kg de viande de bœuf : 15 000 l
1 kg de coton : plus de 5 000 l
1 kg de viande de poulet : 4 000 l
1 kg de pain : 1 600 l
1 kg de bananes : 350 l
1 kg de carottes : 195 l

53

Est-ce que tous les habitants de la planète sont concernés par la pollution de l'air ?

Oui ! Plus de 90 % des habitants de la planète respirent un air pollué ! La situation est particulièrement grave dans les pays pauvres, car la pollution cause de nombreux décès, notamment à cause des fumées émises par des fourneaux et des combustibles très polluants à l'intérieur des habitations. La ville la plus polluée au monde est Delhi en Inde, suivie par Dakar au Sénégal. Paris arrive en 17e position, devant Los Angeles, Londres et New York.

54

Pourquoi nourrir la population mondiale pourrait-il être un problème ?

La population mondiale ne cesse de croître : on vit mieux et plus longtemps. Mais cela signifie qu'il faut nourrir tous les habitants de la planète, donc prévoir des cultures et des élevages en conséquence… Et cela sous-entend de puiser sans cesse dans les réserves de la planète qui ne peut pas nous donner tout ce dont nous avons envie pour certains, besoin pour d'autres. Car tous les pays ne sont pas à égalité : certains ont tout ce qu'ils veulent ou presque, d'autres voient leur population mourir de faim.

Pourquoi les pays les plus peuplés ne sont pas forcément les plus pollueurs ?

55

Même si la Chine est le pays le plus peuplé et le plus pollueur, d'autres pays très peuplés, comme le Nigeria, l'Éthiopie ou le Bengladesh, ne sont pas parmi les plus pollueurs. Pourquoi ? Tout simplement parce que ces pays sont à un état moins avancé d'industrialisation. Moins de voitures, d'usines, de centrales nucléaires...

Pourquoi parle-t-on de pollution lumineuse ?

56

En milieu urbain, la lumière est très forte la nuit, et il devient difficile d'apercevoir des étoiles. Cette lumière nocturne, faite d'éclairages artificiels, perturbe la faune, la flore et la fonge (le règne des champignons). Le sens de l'orientation des oiseaux migrateurs est bouleversé ; les papillons de nuit, utiles à la pollinisation, sont de moins en moins nombreux ; les feuilles des arbres tardent à tomber... Le bilan est lourd !

Pourquoi cultive-t-on autant ?

57

Après la Seconde guerre mondiale, la France a dû relancer son agriculture. Le nouveau modèle s'est organisé autour de l'utilisation de machines, de monocultures et de grandes superficies. Il était très polluant car, pour produire vite et beaucoup, il utilisait beaucoup de produits chimiques comme les engrais et les pesticides. Aujourd'hui, la France tente de faire évoluer son mode d'agriculture, mais, pour cela, chacun doit aussi y mettre du sien en consommant mieux et moins.

58

Pourquoi utilise-t-on autant de pesticides ?

Pour produire plus et plus vite ! Il y a 50 ans, on ne se savait pas encore que ces produits polluaient les rivières et affectaient notre santé. Tout ce qui comptait était de pouvoir nourrir toute la population. Aujourd'hui, les pesticides sont très critiqués, et on espère qu'un jour il n'y en aura plus du tout !

59

Qu'est-ce que c'est, « l'agriculture raisonnée » ?

C'est un modèle d'agriculture qui se situe entre l'agriculture industrielle et l'agriculture biologique. Il prend en compte la protection de l'environnement, le bien-être animal et la santé. Le but est d'arriver à utiliser le moins de produits chimiques pour les cultures et le moins d'antibiotiques possibles pour les animaux tout en obtenant une production de qualité en quantité suffisante.

60

Comment peut-on faire pour limiter l'utilisation de pesticides ?

Les agriculteurs qui ont fait le bon choix de limiter les pesticides cultivent différemment : ils découpent leurs parcelles et les séparent par des haies qui attirent des espèces qui mangent les insectes ravageurs ; ils évitent la monoculture et pratiquent la rotation des cultures, c'est-à-dire qu'ils les changent plus souvent ; ils protègent des maladies plutôt que de lutter contre. Toutes ces alternatives et beaucoup d'autres sont meilleures pour nous et pour l'environnement.

61

Qu'est-ce que c'est, la « permaculture » ?

C'est à la fois une façon de jardiner, de cultiver et de vivre ! La permaculture se base sur trois principes : prendre soin de la Terre, prendre soin de l'être humain et partager avec tous.

62

Comment cultiver en permaculture ?

Pour cultiver avec le principe de la permaculture, il faut réfléchir à l'agencement de son jardin, potager ou champ. Certaines cultures sont fragiles ? Il faudra, par exemple, les placer dans des petites parcelles protégées du vent par des haies. Certaines ont besoin d'eau ? On les plantera à proximité d'un étang. Les fruits trop mûrs tombés des arbres fruitiers peuvent nourrir des animaux ? On les placera près du poulailler pour le plus grand bonheur des poules... Tout est une question d'organisation !

Pourquoi dit-on que la permaculture s'inspire de la nature ?

63

Tout simplement parce que la base de la permaculture est d'imiter la nature ! La nature est « auto-nettoyante », elle se suffit à elle-même et se gère de façon autonome. La permaculture tente donc d'en être la plus proche possible : pas de traitements chimiques, recyclage des déchets par le compostage, diversification des mises en culture, peu d'action humaine, entraide entre les plantations… Il s'agit de se servir de ce que l'on a sous la main et de mettre en valeur ce qui existe déjà sans chercher à produire toujours plus.

Pourquoi la permaculture nécessite-t-elle de la patience ?

Le rythme de vie ne cesse de s'accélérer et la notion d'immédiat est devenue normale : nous avons l'habitude de vouloir tout, tout de suite. Mais ce n'est pas comme ça que la nature fonctionne ! En permaculture, on doit réapprendre à être patient : laisser la terre respirer et ne pas trop la travailler, attendre que les fruits et légumes aient le temps d'arriver à maturité, permettre aux végétaux de grandir à leur rythme. C'est pour cela que la permaculture est aussi une façon de vivre : elle oblige l'être humain à revenir à l'essentiel et à faire preuve de patience.

65

Le « bio », c'est quoi ?

« Bio » pour « biologique ». C'est ainsi qu'on nomme l'agriculture qui répond à des normes précises : polluer moins et surtout ne pas utiliser de produits chimiques comme des engrais ou des pesticides. Pour lutter contre les mauvaises herbes et les insectes, les agriculteurs doivent trouver des solutions naturelles. Par exemple : nourrir la terre avec du compost obtenu par la décomposition naturelle de certains déchets, cultiver à côté des plantes qui peuvent s'entraider, brûler les mauvaises herbes au lieu de les asperger de produit chimique...

Pourquoi le bio est-il certifié par un label ?

66

Parce que l'agriculture biologique répond à des règles strictes qui sont contrôlées. Pour obtenir cette étiquette bio, il faut pouvoir prouver qu'on cultive d'une certaine manière. Sur les emballages des produits issus de l'agriculture biologique, il doit figurer le sigle AB qui signifie « Agriculture Biologique».

67

Est-ce que le bio n'existe que pour l'alimentation ?

Le bio concerne tous les produits cultivés comme, par exemple, les légumes, les fruits, les céréales… Il concerne également les produits issus de l'élevage, comme la viande, le lait, les fromages. Mais le bio s'est aussi étendu à notre quotidien ! Les produits ménagers et les cosmétiques peuvent également être bio et possèdent leurs propres labels.

Pourquoi toute l'alimentation n'est-elle pas bio ?

68

C'est vrai, puisque c'est meilleur pour la santé et pour la nature, pourquoi certains agriculteurs utilisent-ils encore des produits chimiques ? Eh bien, parce que cultiver de façon biologique n'est pas facile : suivre les règles coûte cher, le label est difficile à obtenir et à garder, et la production est souvent moins grande. Mais de plus en plus d'agriculteurs franchissent le pas !

69

C'est quoi, être végan ?

Certaines personnes ont choisi d'être flexitariennes : elles limitent leur apport en viande ; d'autres, végétariennes : elles ne consomment plus de viande. D'autres encore sont véganes : elles ne consomment plus aucun aliment issu des animaux (viande, miel, beurre, fromage, lait...). Les végans ne portent pas non plus de vêtements ou accessoires provenant des animaux. Pas de chaussure en cuir ou de pull en laine, par exemple.

70

Pourquoi faut-il essayer de manger moins de viande ?

On ne le sait pas toujours, mais manger de la viande pollue beaucoup ! La pollution produite par les animaux, notamment les vaches, et l'eau nécessaire à les nourrir font de la viande un aliment loin d'être écologique. Sans oublier que certains animaux sont parfois élevés dans de mauvaises conditions.

Pourquoi faut-il privilégier ce qu'on appelle le « circuit court » ?

Difficile d'imaginer que la carotte que tu manges a fait un long voyage avant d'arriver dans ton assiette ? Et pourtant, c'est possible ! En achetant des fruits et légumes qui viennent de loin, on favorise une agriculture qui génère de la pollution. Si la carotte que tu manges a été récoltée à l'étranger, elle a dû prendre un camion ou un bateau pour arriver jusqu'à toi ! C'est pour cela qu'il faut privilégier ce qu'on appelle le circuit court : des aliments produits non loin de leur point de vente.

Pourquoi faut-il limiter les fruits exotiques ?

L'ananas, la mangue, l'avocat… tous ces fruits qui ne poussent pas facilement chez nous viennent de pays éloignés, et leur voyage pollue beaucoup. Sans compter l'énergie que demande leur culture : pour produire 1 kg d'avocats, soit deux avocats et demi, il faut… 1 000 litres d'eau ! Ce qui revient à environ 13 douches de cinq minutes !

Les fruits et légumes de saison

As-tu remarqué : on ne mange pas de cerise en hiver ou d'endive en été. Pourquoi ? Tout simplement parce que les fruits et légumes ont une saison ! On ne peut pas consommer n'importe quoi n'importe quand, il faut s'accorder avec le cycle naturel de la végétation. C'est meilleur pour la nature et pour la santé !

PRINTEMPS Asperge • Pomme de terre • Radis • Petit pois • Rhubarbe • Carotte • Haricot vert • Fraise • Persil • Fenouil • Poire • Navet

ÉTÉ Abricot • Pêche • Framboise • Laitue • Artichaut • Ail • Betterave • Mûre • Brocolis • Prune • Melon • Tomate • Fève • Aubergine

Trouve les 3 fruits avec des noyaux.

Cite 5 fruits et légumes composés de 5 lettres.

Cite 4 légumes verts.

AUTOMNE

Coing • Figue • Châtaigne • Céleri • Courge • Poireau • Panais • Tomate • Épinard

HIVER

Clémentine • Kiwi • Pomme • Orange • Salsifi • Rutabaga • Chou-fleur • Endive • Poire • Navet • Chou de Bruxelles • Céleri

C'est quoi, le compostage ?

73

Parmi les déchets ménagers du quotidien, certains sont biodégradables, c'est-à-dire qu'ils se décomposent naturellement. Pour éviter de remplir les poubelles (qui sont déjà bien pleines), on peut donc organiser un endroit où les déchets vont se biodégrader tout seuls. Cela peut être un tas au fond du jardin ou un bac (en bois, par exemple) dans lequel on jette les déchets organiques : déchets de cuisine et déchets verts (c'est-à-dire les déchets végétaux comme les feuilles ou les fleurs fanées).

Pourquoi ne peut-on pas tout composter ?

74

Dans le composteur, les déchets organiques sont grignotés par des micro-organismes vivants comme des bactéries et des champignons ou bien des animaux comme les vers de terre ou limaces. Et comme ces petits habitants de la terre ne peuvent pas tout manger, on ne peut pas tout composter ! Le plastique bien évidemment, mais aussi d'autres choses comme les coquilles de crustacés ou d'œufs entières, les noyaux de fruits, les bouchons en liège ou les cendres de bois.

Que peut-on faire avec les déchets compostés ?

En fonction de la saison, les déchets mettent plus ou moins longtemps à se décomposer, le processus peut prendre entre 3 et 9 mois. Une fois que les déchets sont biodégradés, il reste… le compost ! C'est une matière organique naturelle qui ressemble un peu à de la terre. Le compost est un engrais d'excellente qualité qui peut nourrir les plantes et les rendre plus résistantes aux maladies. C'est comme une vitamine végétale 100 % naturelle et sans produit chimique !

Qu'est-ce qu'un « lombricomposteur » ?

Faire du compost dans un appartement ou sur un balcon, c'est possible ! Il suffit d'avoir ce qu'on appelle un lombricomposteur ou vermicomposteur : un bac à plusieurs étages remplis de petits vers qui vont accélérer la dégradation des déchets. Ce n'est pas pour rien qu'on appelle ces animaux des « décomposeurs » ! Chaque jour, ils vont dévorer la moitié de leur poids et, en quelques mois, on obtient un compost de qualité pour les plantes. Voilà une bonne façon de réduire ses déchets quotidiens.

77

Pourquoi faut-il trier ses déchets ?

Chaque Français produit environ 365 kg de déchets par an, soit 1 kg par jour ! Parmi eux, certains sont recyclables. Il faut donc veiller à les trier ! Par exemple, si les emballages carton ou les papiers sont mélangés aux autres déchets ménagers, il est impossible de les récupérer. En triant le verre, le plastique, le carton, les déchets verts comme les épluchures de légumes et les déchets électroniques et électriques comme les piles ou les téléphones, on participe à la grande chaîne du recyclage.

Qu'est-ce que le « zéro déchet » ?

78

Réduire les déchets, c'est possible ! C'est même une question cruciale pour l'avenir de notre planète. Le zéro déchet repose sur plusieurs principes dont la base est : diminuer de façon considérable la production de déchets, réutiliser des objets plutôt que les jeter et recycler au maximum. Voici quelques pistes à suivre en famille pour réduire tes déchets : utiliser un sac en tissu pour faire tes courses, boire dans une gourde, utiliser un maximum de contenants en verre, ou encore utiliser du savon et du shampoing solide...

Est-ce qu'on trie partout de la même façon ?

Non ! En France par exemple, il y a des bases communes pour les poubelles, mais selon les endroits, certains déchets peuvent être ou ne pas être recyclés. Il faut toujours se renseigner sur les consignes de tri de ta commune. Ensuite, il y a bien entendu des différences entre les pays : tous n'ont pas été sensibilisés au tri sélectif et les déchets commencent parfois à s'accumuler. Dans certains pays (et même en Corse), on trouve d'immenses décharges à ciel ouvert, car les déchets ne sont pas ramassés ou traités.

Où vont nos poubelles ?

Une fois que les éboueurs ont collecté les poubelles dans leur camion benne, ils les déposent là où leurs déchets seront traités. Pour les déchets qui ont été triés à la maison, direction les usines de tri pour vérifier que cela a bien été fait ! Une fois sur place, les déchets sont déversés sur des grands tapis roulants et triés soit de façon manuelle, soit par des machines.

Les ordures ménagères sont quant à elles conduites au centre d'incinération et brûlées dans un grand four à plus de 850 °C. Les centres d'incinération permettent de produire de l'électricité et de la chaleur, on parle donc de « centre de valorisation énergétique ».

Nos déchets dans la nature

La nature est propre, ses déchets se biodégradent vite et naturellement. Mais nos déchets à nous, c'est autre chose ! Un plastique ou un mégot de cigarette jetés par terre peuvent faire beaucoup de dégâts, d'abord parce qu'ils polluent et ensuite parce qu'ils mettent du temps à se biodégrader.
Découvre combien de temps il faut à ces déchets pour se dégrader naturellement.

81

Pourquoi faut-il arrêter d'utiliser des sacs en plastique ?

On estime à plus de 120 millions le nombre de sacs plastiques qui polluent les 5 000 km de côtes françaises, c'est énorme ! En France, depuis le 1er juillet 2016, les sacs plastiques à usage unique sont interdits en caisse.

82

Pourquoi les Cotons-Tiges se retrouvent-ils sur les plages ?

Les Cotons-Tiges font partie du top 10 des déchets les plus fréquents sur les plages. Pourquoi ? Parce que beaucoup de gens, au lieu de les mettre à la poubelle, les jettent dans les toilettes. Ils voyagent alors jusqu'aux stations d'épuration où normalement ils sont retenus à l'entrée par un système de grille. Sauf que parfois ils passent au travers et se retrouvent dans la nature.

83

Pourquoi tous les plastiques ne sont-ils pas recyclés ?

Ce serait tellement bien ! Sauf que les grands groupes industriels qui produisent beaucoup de plastique à usage unique et tirent profit de son utilisation ne cherchent pas forcément à le recycler. Il est moins coûteux de le jeter...

84

Pourquoi le plastique met-il en danger les animaux ?

Le plastique est un fléau pour les animaux ! Chaque année, 100 000 mammifères marins meurent parce qu'ils ont avalé du plastique. Les tortues sont les plus touchées, car elles confondent la forme des sacs avec celles des méduses. Les oiseaux les prennent pour des œufs de poisson flottants. Sans compter qu'en se dégradant, le plastique se fractionne en particules microscopiques qui contaminent le sol et l'eau et se retrouvent dans l'estomac de la plupart des animaux.

Quelles sont les alternatives au plastique ?

85

Il y en a tant ! Par exemple, boire de l'eau du robinet plutôt que dans une bouteille en plastique ; utiliser un sac en tissu pour faire les courses ; préférer le savon au gel douche ; acheter dans des magasins qui proposent du vrac sans emballage ; offrir des jouets en bois ; utiliser des pots en verre ; pique-niquer avec des couverts en bambou... Beaucoup d'objets en plastique peuvent être remplacés facilement !

86

Pourquoi est-ce mieux de donner plutôt que de jeter ?

Ta maman ne se sert plus de son ordinateur ? Ton grand-père n'utilise plus son appareil à raclette ? Ta vue a évolué et tu as changé de lunettes ? Stop ! Ne surtout pas jeter tout ça ! Peut-être que quelqu'un cherche un ordinateur, un appareil à raclette ou une paire de lunettes avec une correction identique ? Plutôt que de jeter et donc de créer de nouveaux déchets, il est préférable de donner ! Et tu verras, rendre heureux quelqu'un, ça fait du bien !

Qu'est-ce que le « troc » ?

87

Tout simplement un échange ! Les gens essaient de plus en plus de donner, de vendre à bas prix ou d'échanger des objets, des vêtements, des meubles… On peut même échanger des choses qui n'ont rien à voir : par exemple, quelqu'un qui cultive des fraises pourra en échanger contre des livres, s'il le souhaite. Tout est possible ! En échangeant, on fait plaisir et on limite la consommation ainsi que les déchets.

Pourquoi parle-t-on d'« obsolescence programmée » ?

88

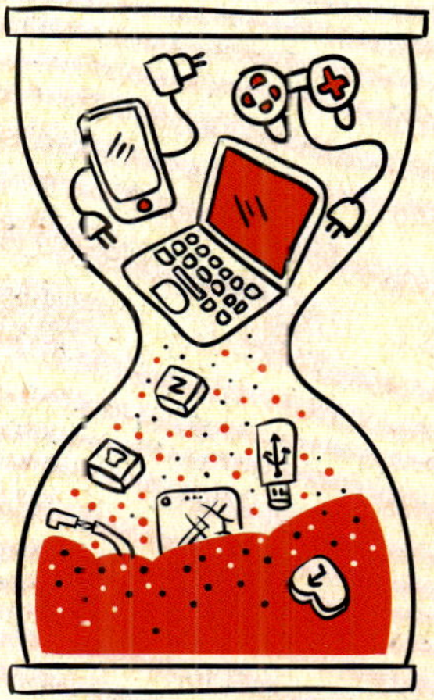

L'obsolescence programmée est une stratégie visant à réduire la durée de vie d'un objet. Ainsi, on change plus vite, plus souvent, parfois même avant que l'objet en question soit inutilisable. Si, au cours du xxe siècle, certaines entreprises ont volontairement diminué la qualité de leurs produits pour que les gens en changent plus souvent, aujourd'hui, c'est surtout la mode, la publicité, l'incitation à posséder toujours plus qui poussent les consommateurs à acheter, acheter, acheter... Mais chacun peut choisir de consommer seulement ce qui lui semble nécessaire.

89

Que peut-on fabriquer à partir de matériaux recyclés ?

Donner un objet, le recycler ou faire un troc, c'est apporter une nouvelle vie à cet objet... On peut aussi réutiliser des matériaux pour fabriquer des objets. Par exemple, avec des bouteilles d'eau en plastique recyclées, on peut faire des vêtements ; à partir d'acier recyclé, on peut faire des meubles ; à partir de chewing-gum, une entreprise anglaise a même réussi à créer des gobelets ! Recycler, c'est dans l'air du temps !

Les ressources épuisables

① **Que peut-on fabriquer avec du pétrole ?**

A. Du plastique
B. Du gazole
C. Des cosmétiques

② **Parmi ces objets, lequel nécessite des matières naturelles rares et chères ?**

A. Un couteau
B. Un téléphone portable
C. Une bouteille en verre

Les réponses se trouvent en page 100.

Sans nous en rendre compte, nous puisons tous les jours dans les réserves de ressources naturelles de notre planète (par exemple, les métaux, les minéraux, les pierres précieuses ou encore l'uranium). Or ces ressources sont non renouvelables et épuisables. Un jour, il faudra apprendre à vivre sans. Il faudrait même commencer maintenant...

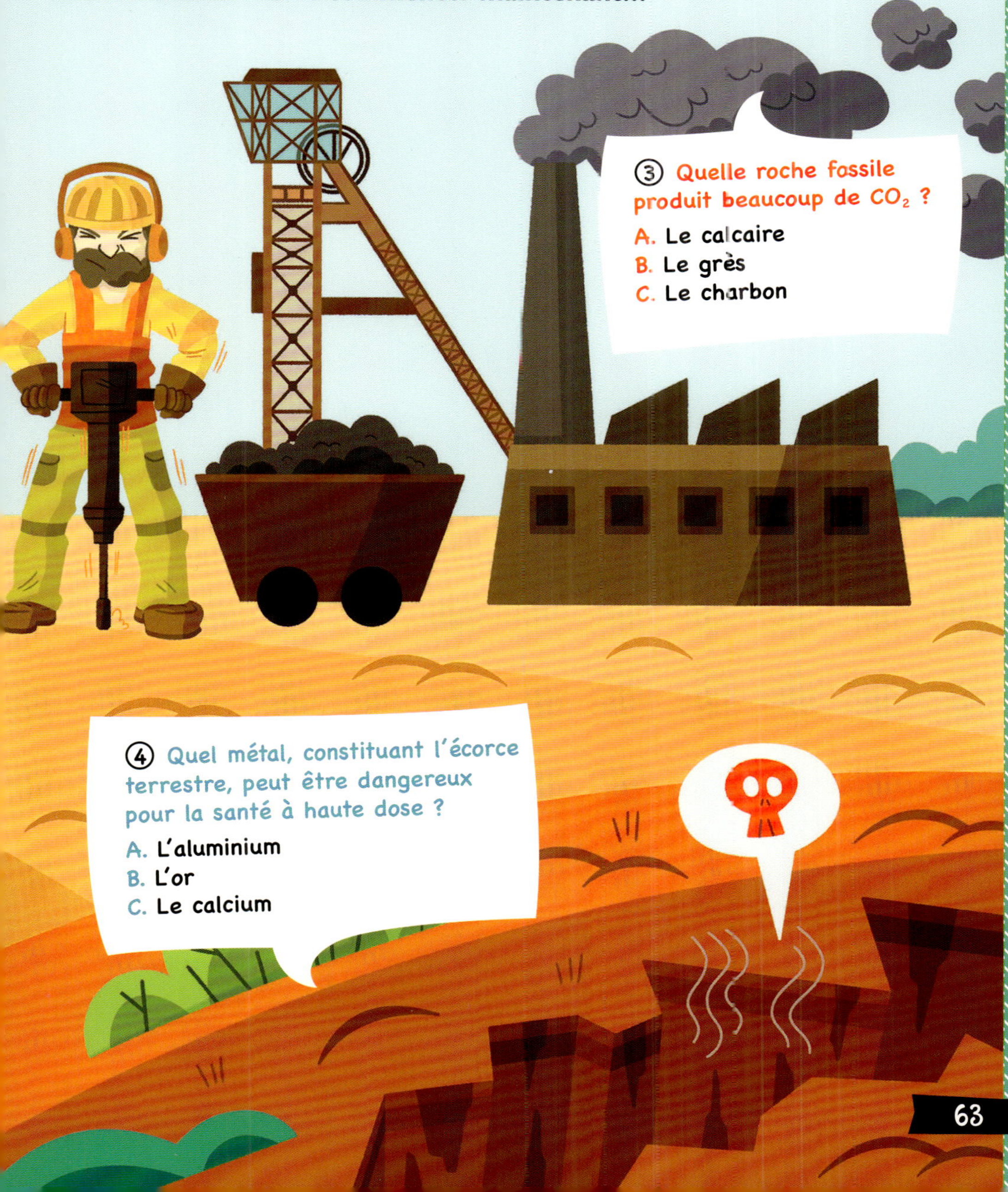

③ Quelle roche fossile produit beaucoup de CO_2 ?

A. Le calcaire
B. Le grès
C. Le charbon

④ Quel métal, constituant l'écorce terrestre, peut être dangereux pour la santé à haute dose ?

A. L'aluminium
B. L'or
C. Le calcium

90

Pourquoi parle-t-on d'énergies renouvelables ?

Une énergie est dite « renouvelable » lorsqu'elle provient de sources qui se renouvellent de façon naturelle et permanente, par opposition à une énergie non renouvelable dont les stocks s'épuisent. Les énergies renouvelables proviennent de deux grandes sources naturelles : le Soleil et la Terre.

91

Qu'est-ce qu'une énergie dite « fossile » ?

Les énergies fossiles (entre autres, le pétrole, le charbon, le gaz naturel...) ont été formées il y a des millions d'années et stockées dans les profondeurs de la terre. Elles sont nos principales sources d'énergie aujourd'hui. Mais leur quantité est limitée et elles sont en voie d'épuisement. Il nous faut donc trouver d'autres sources d'énergie !

Qu'est-ce qu'une énergie propre ?

92

Une énergie propre, ou énergie verte, est une source d'énergie qui exploite la force d'un élément naturel pour produire de l'énergie utilisable par l'être humain. Elle a la propriété de générer très peu de pollution quand elle est transformée et utilisée en énergie finale, d'où son nom d'énergie propre.

Pourquoi les centrales nucléaires posent-elles problème ?

93

Les centrales nucléaires produisent de l'énergie nucléaire. Cette énergie n'est pas renouvelable, car elle utilise une matière première naturelle présente en quantité limitée : l'uranium. La production d'énergie nucléaire émet peu de gaz polluant, mais son coût de production est élevé et son exploitation est dangereuse. À la suite d'accidents nucléaires survenus à Tchernobyl et Fukushima qui ont libéré une grande pollution radioactive, de nombreux pays tentent de sortir du nucléaire.

94

Le sol de la Terre peut-il fournir de l'énergie ?

Oui, parce qu'il fournit de la chaleur ! C'est ce qu'on appelle la géothermie : l'utilisation de la chaleur du sol, de celle des roches plus ou moins profondes ou bien de celle de l'eau qui y circule, pour en récupérer de l'énergie. Le principe consiste donc à extraire l'énergie contenue dans le sol pour l'utiliser sous forme de chauffage ou pour la transformer en électricité.

95

Comment utilise-t-on la force du Soleil ?

L'énergie solaire arrive sur Terre sous forme de rayonnement qui éclaire et réchauffe la Terre de façon naturelle. Elle est utilisée par l'homme en la transformant en électricité ou en chaleur.
Il en existe trois types : l'énergie solaire voltaïque qui, grâce à des panneaux, piège les rayons du soleil transformés en électricité ; l'énergie solaire thermique où les panneaux captent la chaleur pour fournir notamment de l'eau chaude ; et l'énergie solaire thermodynamique quand les rayonnements du soleil chauffent de l'eau qui est ainsi transformée en vapeur faisant tourner une turbine.

Qu'est-ce que l'énergie hydraulique ?

96

C'est une énergie produite par la force de l'eau. Le plus souvent, elle exploite le débit d'un cours d'eau, mais il existe maintenant de nombreux autres procédés qui exploitent, par exemple, les marées (usines marémotrices), la force des courants marins en pleine mer, ou encore l'énergie des vagues et de la houle...

97

À quoi servent les éoliennes ?

Les éoliennes transforment l'énergie du vent en énergie électrique ! Les grandes hélices des éoliennes, qui tournent grâce à la force du vent, actionnent un mécanisme créant de l'électricité qui est ensuite injectée dans le réseau électrique.

Peut-on vivre ailleurs que sur notre planète ?

98

Non, pour le moment, c'est la seule qui nous permette de vivre ! L'atmosphère qui enveloppe la Terre nous fournit l'oxygène dont nous avons besoin pour vivre tout en nous protégeant du Soleil. De plus, les températures y sont supportables par l'être humain et il y a de l'eau.

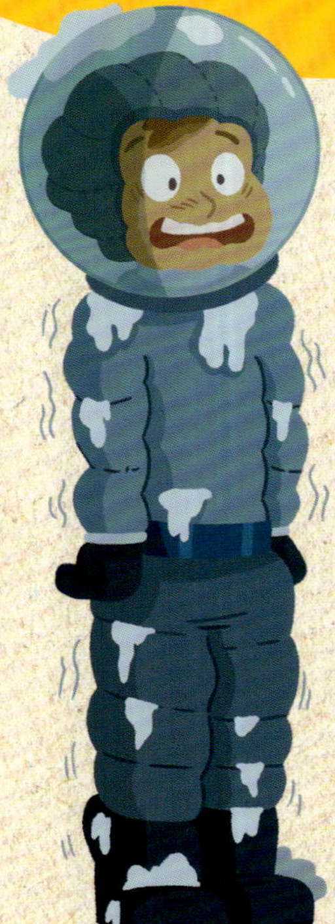

Pourquoi ne peut-on pas vivre sur la Lune ?

99

C'est très simple : sur la Lune, il n'y a pas d'atmosphère qui puisse nous fournir de l'air. On ne peut donc pas y respirer ! Et puis, en plein jour, il peut y faire 150 °C, tandis qu'en pleine nuit, la température peut descendre à -150 °C. Un peu frisquet, non ? Le seul moyen de pouvoir y vivre serait de revêtir jour et nuit une combinaison spéciale, comme celle des astronautes qui y ont posé le pied.

100

Pourquoi ne peut-on pas vivre sur le Soleil ?

Peut-être parce que le Soleil est une gigantesque boule de gaz en feu ? Ou peut-être parce qu'à sa surface la température est de 5 500 °C, l'équivalent de 21 fours allumés au maximum ? Peut-être encore parce qu'il n'y a pas de sol ? Tu l'auras compris, le Soleil, qui nous apporte chaleur et lumière, n'est absolument pas adapté à nos conditions de vie !

101

Pourquoi ne peut-on pas vivre sur une autre planète ?

Peut-être qu'un jour nous découvrirons une planète où il sera possible de respirer, boire, manger... Mais les planètes du Système solaire, elles, ne peuvent pas nous accueillir. Vénus, en plein jour, atteint les 465 °C ; Mercure ne dispose ni d'air ni d'eau et a des températures insupportables pour l'être humain ; Neptune, la planète la plus éloignée du Soleil, est parcourue par des vents violents et glaciaux... Il y fait -220 °C en permanence... Pour l'instant, nous ne pouvons vivre que sur la Terre, voilà pourquoi il faut prendre soin de notre planète !

Pourquoi le fait de fermer les fenêtres ne protège-t-il pas de la pollution ?

L'air que nous respirons dans nos logements est beaucoup plus pollué que celui de la rue ! Sans nous en rendre compte, nous produisons de la pollution avec les produits ménagers, les vapeurs de cuisine, les parfums d'intérieur, les meubles, les bougies… Quelques solutions faciles à mettre en place : aérer tous les jours, acheter des produits d'entretien sans parfum de synthèse et limiter tout ce qui est bougie, encens ou parfum d'intérieur sous forme d'aérosol.

103

Pourquoi les paillettes polluent-elles les océans ?

Les paillettes sont composées de pièces de plastique tellement minuscules qu'elles peuvent traverser les systèmes de filtration d'eau. Et comme elles ne se désintègrent pas, elles voyagent dans le circuit de l'eau jusqu'aux océans. Une pollution qu'on sous-estime et qui représente un danger, car les paillettes attirent les animaux marins. Elles peuvent également arriver dans nos assiettes, comme les microbilles en plastique qui sont d'ailleurs interdites en France dans les produits de beauté depuis le 1er janvier 2018.

104

Pourquoi certaines capsules de café sont-elles très polluantes ?

Si les capsules en aluminium préservent sans aucun doute l'arôme du café, elles sont aussi très polluantes, car leur recyclage est compliqué. Les dosettes, qui contiennent du plastique et des restes de café, ne peuvent pas être fondues dans un four classique. Elles doivent être nettoyées et envoyées dans un centre spécialisé. Seuls 18 centres sur les 200 existants en France peuvent les recycler. Actuellement, elles transitent donc par plusieurs pays avant d'être recyclées. Un peu fou, non ?

Pourquoi les pets et les rots de vache sont-ils mauvais pour la nature ?

105

Des vaches qui broutent dans un pré, tranquilles… Quelle belle image de la nature ! Et pourtant, elles participent au réchauffement climatique ! Les vaches broutent de l'herbe, l'avalent puis ruminent, c'est-à-dire qu'elles mâchent de nouveau des aliments revenus de l'estomac pendant de longues minutes. Cette action produit du méthane, un gaz 25 fois plus dangereux pour l'environnement que le CO_2. C'est dit : en rotant, nos vaches réchauffent le climat !

106

Qu'est-ce que c'est, une COP ?

La COP (« Conferences of the parties » en anglais ou « Conférence des parties » en français), est une grande réunion annuelle qui rassemble différents pays pour parler du climat. L'édition 2015, appelée COP21, a été organisée par la France : l'Accord de Paris signé à ce moment-là engage tous les pays à réduire leurs émissions de gaz à effet de serre et à maintenir le réchauffement sous la barre des 2 °C d'ici à 2100.

107

Pourquoi dit-on que chaque geste compte ?

Parce que c'est le cas ! La planète, c'est la somme de milliards d'individus. Si chacun fait un geste simple comme ne pas jeter ses déchets n'importe où, économiser l'eau, préserver les animaux... alors ces petits gestes s'accumulent les uns aux autres et permettent de se projeter vers un avenir meilleur pour notre planète.

108

Est-ce que les scientifiques se penchent sur la question du climat ?

Oui ! Sur le dérèglement climatique, sur l'évolution de l'environnement, sur notre santé... Les savants ne cessent de s'interroger sur tout ! Par exemple, une science appelée géo-ingénierie désigne les interventions à grande échelle sur l'environnement destinées à contrer le changement climatique. Une idée pas encore testée : comme les nuages au-dessus de la mer bloquent le rayonnement solaire et baissent les températures, un physicien propose d'y injecter des gouttelettes d'eau pour augmenter leur effet bénéfique.

109

Comment ne pas se sentir seul pour prendre soin de sa planète ?

En rejoignant une association ! Dans le monde, des milliers d'associations défendent la faune et la flore. Certaines attirent l'attention sur les espèces animales menacées, d'autres incitent à développer les énergies renouvelables ou l'agriculture biologique. D'autres encore aident à mieux organiser son quotidien : en luttant contre le gaspillage ou en installant un lombricomposteur, par exemple.

110

Pourquoi faut-il éteindre les appareils électriques la nuit ?

Lorsqu'ils sont en veille, les appareils électriques consomment de l'énergie ! Et comme certains appareils restent parfois longtemps en veille, ils finissent par consommer plus qu'en marche – c'est le cas des téléviseurs, par exemple. En France, on estime qu'un réacteur nucléaire fonctionne en permanence pour assurer la veille de nos appareils.

111

Pourquoi colle-t-on des autocollants « Stop pub » ?

Les pubs qui envahissent nos boîtes aux lettres représentent un gros gâchis de papier ! Chaque mois, une boîte reçoit en moyenne 2,3 kg de prospectus, ce qui a de vraies conséquences écologiques : 25 % du papier consommé dans notre pays est destiné à cette publicité inutile. Placer un autocollant « Stop pub » montre sa volonté de réduire le gaspillage de papier.

112

Pourquoi faut-il penser à éteindre les lumières ?

L'énergie utilisée pour fabriquer de l'électricité pollue, et l'électricité coûte de l'argent. Deux bonnes raisons pour penser à éteindre les lumières dès qu'on quitte une pièce.

113

Pourquoi ne faut-il pas laisser couler l'eau quand on se brosse les dents ?

Pour éviter le gaspillage ! Ce n'est pas parce que nous avons un accès facile à l'eau que ce n'est pas une denrée précieuse !

Pourquoi ne faut-il pas trop chauffer les habitations ?

114

Qu'il fonctionne au gaz ou à l'électricité, le chauffage utilise des énergies qui polluent. La température idéale en journée dans une habitation est de 19 °C, pas plus ! Ne pas dépasser cette limite, c'est faire un geste pour l'environnement et une économie d'argent.

Pourquoi prendre une douche plutôt qu'un bain ?

115

Un bain représente l'équivalent d'environ 6 douches. Pour éviter de gaspiller l'eau, prendre une douche est donc préférable, à condition de ne pas rester trop longtemps sous l'eau, bien évidemment ! Pense aussi à fermer le robinet le temps que tu te savonnes.

116

Comment fait-on pour avoir un goûter zéro déchet ?

En évitant les contenants à usage unique ! Par exemple, plutôt que d'acheter des biscuits ou des compotes emballés dans du plastique, il est possible d'utiliser des boîtes à goûter en fer ou en bambou dans lesquelles tu mettras un gâteau fait maison et des gourdes de compote réutilisables. Et une gourde est meilleure pour l'environnement qu'une bouteille en plastique jetable !

117

Pourquoi faut-il essayer de faire des gâteaux maison ?

Les gâteaux maison sont meilleurs pour la santé et pour l'environnement ! On contrôle les ingrédients qu'on met dedans : des œufs de poules élevées en plein air, moins de sucre, de la farine française bio, pas de conservateurs... Que des bonnes choses !

Pourquoi installer des maisons à insectes ?

118

La maison ou hôtel à insectes est une petite cabane en bois qui dispose de plusieurs compartiments emplis de matériaux naturels comme des briques, de la paille, des brindilles... Elle constitue un refuge important pour les insectes qui peuvent s'y réfugier en hiver, se mettre à l'abri des prédateurs et y accueillir leurs larves. Ces insectes viendront ensuite polliniser le jardin et le débarrasser de certains nuisibles comme les pucerons !

119

Comment organiser un pique-nique éco-responsable ?

Nous produisons tellement de déchets plastiques que tous les petits gestes qui peuvent les réduire comptent ! Privilégier la vaisselle réutilisable en bambou ou des contenants en verre est une super alternative. Si tu dois jeter, favorise les couverts en bois et les assiettes en carton biodégradable, toujours préférables au plastique.

Comment fabrique-t-on...

De la lessive maison

Ingrédients

- 50 g de savon de Marseille en copeaux
- 1 c. à s. de bicarbonate de soude
- 1,5 l d'eau
- 10 à 15 gouttes d'huile essentielle de ton choix, par exemple de lavande.

Comment faire ?

1. Fais bouillir l'eau dans une cocotte, puis éteins le feu.
2. Ajoute le savon de Marseille et fais fondre les copeaux.
3. Ajoute le bicarbonate quand l'eau a commencé à tiédir et remue.
4. Laisse refroidir en mélangeant de temps en temps.
5. Verse les gouttes d'huile essentielle et mélange à nouveau. Verse dans un contenant.

À secouer avant chaque utilisation !

Du dentifrice maison

Ingrédients
- 2 c. à s. d'huile de coco bio
- 2 c. à s. d'argile verte
- 5 gouttes d'huile essentielle de menthe poivrée

Comment faire ?

1. Fais fondre l'huile de coco.
2. Ajoute petit à petit l'argile avec une cuillère en bois (surtout pas en métal) jusqu'à ce que ça forme une pâte.
3. Ajoute les gouttes d'huile essentielle.
4. Verse dans un récipient en verre pour une meilleure conservation.

Un pot-pourri maison

Ingrédients
- 1 bâton de cannelle
- 10 clous de girofle
- 2 étoiles d'anis étoilé
- 2 tasses de pétales de rose fraîche
- Quelques feuilles de menthe

Comment faire ?

Place les différents éléments dans un récipient et recouvre-les d'un torchon.

Laisse sécher ton mélange environ 1 semaine dans un endroit sec, à l'abri de la lumière, en le secouant tous les jours.

Prépare tes goûters

la pâte à tartiner maison

Ingrédients

- 200 g de chocolat noir
- 180 g de beurre
- 400 g de lait concentré sucré
- 50 g de noisettes en poudre.

Recette

1. Mélange le chocolat coupé en morceaux, le beurre et les noisettes. Fais fondre l'ensemble.
2. Ajoute le lait concentré, puis mélange le tout.
3. Verse dans un contenant en verre (par exemple, un ancien pot de confiture).
4. Conserve ta pâte à tartiner au réfrigérateur.

cookies au chocolat

Ingrédients

- 120 g de beurre
- 80 g de sucre
- 1 œuf
- 100 g de chocolat noir
- 160 g de farine
- 1 c. à c. de levure

Si possible, n'utilise que des ingrédients bio !

Recette

1. Sors le beurre du réfrigérateur et préchauffe le four à 180 °C (thermostat 6).
2. Casse le chocolat en petits morceaux.
3. Mélange le beurre mou avec le sucre. Ajoute l'œuf, la farine et la levure. Mélange, puis complète avec les morceaux de chocolat et mélange à nouveau.
4. Forme des petites boules, puis place-les sur une plaque en les espaçant bien.
5. Fais cuire 10 minutes. Attends que les cookies refroidissent un peu pour qu'ils durcissent.

Stylo en main !

Trouve les mots suivants dans la grille. Attention, ils peuvent être écrits à l'endroit, à l'envers, horizontalement, verticalement ou en diagonale.

Mots mêlés

Permaculture / Recycler / Tri / Éolienne / Soleil / Énergie / Bio / Nature / Eau / Forêt / Abeille / Planète

Y	E	P	L	A	N	E	T	E	T	R	i
i	R	R	P	E	N	E	R	G	i	E	D
A	J	L	M	N	T	A	R	Q	O	L	W
S	B	A	C	N	F	R	T	S	O	C	X
O	F	E	F	E	Y	R	F	U	U	Y	V
L	O	M	i	i	O	P	M	T	R	C	N
E	R	U	T	L	U	C	A	M	R	E	P
i	E	B	i	O	L	E	R	U	A	R	i
L	T	X	C	E	V	E	B	U	R	D	M

Solution p. 99

La grande poubelle

Sur ce grand tapis de tri, cherche combien de fois apparaît le mot « TRI » en vert.

Mot caché

Prends la première lettre de chaque animal et trouve le nom d'un fléau pour la planète.

Solutions p. 99

L'ombre parfaite

Trouve l'ombre parfaite de cet apiculteur en train de s'occuper de ses abeilles.

Rébus

L'avenir
de la planète
est en danger !

Solutions p. 99

Cherche et trouve

Quand l'homme ne fait pas attention à son environnement… Cherche et trouve dans cette forêt foisonnante les 10 intrus suivants : un sac plastique, une montre, une canette, une bouteille en plastique, un paquet de cigarettes, une ampoule, un paquet de chips vide, une chaussure, un téléphone portable, un poste de radio.

Solutions p. 99

Points à relier

Relie les points de 1 à 72 puis de A à K
et découvre un animal menacé.

Solution p. 99

Différences

Trouve les 10 différences entre ces 2 paysages.

Qui suis-je ?

Je suis noir et blanc, mais je n'ai pas de rayures. J'ai l'estomac d'un carnivore, mais je me nourris essentiellement de végétaux. J'ai des taches noires autour des yeux qui ressemblent à des lunettes. Je grimpe aux arbres et je suis menacé. Qui suis-je ?

Solutions p. 99

Grand labyrinthe

Aide cette bouteille en verre à trouver le chemin jusqu'à sa poubelle de recyclage !

Solutions p. 99

Message codé

En utilisant la légende, remplace chaque dessin par la lettre qui lui correspond et découvre ce que ce moineau sifflote !

Chacun sa poubelle

Relie chacun de ces déchets à la poubelle qui lui correspond.

Solutions p. 99

Suite logique

Quel chemin dois-tu emprunter pour aller de ta maison jusqu'au parc en suivant toujours le même ordre : vélo, trottinette, roller… sans polluer !

Solutions p. 99

C'est quoi, ce bazar ?

Remets les lettres dans l'ordre et trouve le nom de gros pollueurs :

OITRUVE → _ _ _ _ _ _ _

SIUNE → _ _ _ _ _

VOIAN → _ _ _ _ _

L'ombre parfaite

Trouve l'ombre parfaite de ce poisson papillon à bec

Solutions p. 99

Cui cui, les petits oiseaux !

Combien y a-t-il d'oiseaux sur cette page ?

Solutions p. 99

Compte le nombre d'éoliennes dans ce champ, puis le nombre d'hélices.

Ça tourne !

Intrus

Un bon repas se fait avec des fruits et légumes de saison ! Trouve les 6 intrus !

Solution p. 100

Sudoku légumes

Comble les trous, mais attention, un même légume ne peut apparaître qu'une seule fois par ligne, par colonne et par zone de 6 cases.

Solutions p. 100

Trouve le bon label

Parmi ces dessins, lequel est un vrai label de l'agriculture biologique ?

A

B

C

D

E

Alternative

Relie chaque objet de la colonne de gauche à son alternative meilleure pour la planète dans la colonne de droite.

A

1

B

2

C

3

D

4

E

5

Solutions p. 100

Rébus

Résous les rébus et trouve le nom de 3 plantes qui peuvent se manger.

A pour B

Remplace chaque lettre par la lettre suivante dans l'alphabet et découvre le nom d'un produit chimique utilisé dans l'agriculture non biologique.

Solutions p. 100

Le bon fil

Sur quel fil cet orang-outan doit-il tirer pour couper le moteur de cet engin et sauver sa forêt ?

Solution p. 100

Par ici !

Quel chemin ce petit ver doit-il suivre pour rejoindre son lombricomposteur et être à l'abri ?

Solutions p. 100

Bons gestes mauvais gestes

Parmi ces gestes, trouve lesquels sont bons ou mauvais pour l'environnement :

Jeter un mégot par terre

Refuser les sacs en plastique

Surchauffer une habitation

Planter des arbres

Manger que des fruits exotiques

Trier ses déchets

Imprimer beaucoup de papier

Acheter des aliments bio

Laisser tourner le moteur de la voiture à l'arrêt

Prendre les transports en commun

Un peu d'ordre !

Remets les images suivantes dans l'ordre et découvre le comportement irresponsable de ce personnage qui met en danger l'environnement.

A

B

C

D

E

F

Solution p. 100

Solutions

Mots mêlés

Y	E	P	L	A	N	E	T	E	T	R	I
I	R	R	P	E	N	E	R	G	I	E	D
A	J	L	M	N	T	A	R	Q	O	L	W
S	B	A	C	N	F	R	T	S	O	C	X
O	F	E	F	E	Y	R	F	U	U	Y	V
L	O	M	I	I	O	P	M	T	R	C	N
E	R	U	T	L	U	C	A	M	R	E	P
I	E	B	I	O	L	E	R	U	A	R	I
L	T	X	C	E	V	E	B	U	R	D	M

La grande poubelle

28 fois

Mot caché

GAZ A EFFET DE SERRE

L'ombre parfaite

C

Rébus

« C'est aujourd'hui qu'il faut réagir ! » (C – eau – jour – d' – 8– K' – île – faux – ré – A – J' – R !)

Cherche et trouve

Points à relier

Un éléphant

Différences

Qui suis-je ?

Le panda

Grand labyrinthe

Message codé

NOUS N'AVONS QU'UNE PLANETE, IL FAUT EN PRENDRE SOIN

Chacun sa poubelle

Suite logique

C'est quoi, ce bazar ?

VOITURE

USINE

AVION

L'ombre parfaite

E

Cui cui, les petits oiseaux !

15 oiseaux (en en comptant 2 pour les lunettes)

Ça tourne !

Il y a 28 éoliennes, chacune comprenant 3 hélices. Donc il y a 84 hélices.

Intrus

Intrus : fraise, cerise, haricot vert, pêche, artichaut, radis rose.

Sudoku légumes

Trouve le bon label

Le bon label est le C.

Alternative

A-4 ; B-3 ; C-5 ; D-1 ; E-2

Rébus

Pissenlit (pie de vache – sang – lit) • **Capucine** (cape – U – scie – nœud) • **Tournesol** (tour – nœud – sol)

A pour B

PESTICIDE

Le bon fil

Le fil B

Par ici !

Mauvais gestes, bons gestes

Mauvais gestes :

Jeter un mégot par terre

Surchauffer une habitation

Manger que des fruits exotiques

Imprimer beaucoup de papier

Laisser tourner le moteur de la voiture à l'arrêt

Bons gestes :

Trier ses déchets

Acheter des aliments bio

Refuser les sacs en plastique

Planter des arbres

Prendre les transports en commun

Un peu d'ordre

C – E – A – F – B – D

Quiz

Le changement climatique, ça implique quoi ?

(p. 10-11)

1. C. ; **2.** C ; **3.** B ; **4.** C.

Les transports

(p. 16-17)

1. A ; **2.** la marche à pied, le vélo, la trottinette ; **3.** A.

Le braconnage

(p. 28-29)

1. C ; **2.** A ; **3.** B ; **4.** B.

Les océans

(p. 34-35)

1. C ; **2.** A ; **3.** B ; **4.** C.

Les ressources épuisables

(p. 62-63)

1. les trois ; **2.** B ; **3.** C. ; **4.** A.

Textes : Mathilde Paris
Illustrations : Maud Liénard, Estelle Tchatcha
Illustration du petit garçon en couverture : Patrick Morize
Suivi éditorial : Emmanuelle Radiguer
Maquette : Flgraf / François Lemaire, Laure Sasa
Correction : Agnès Scicluna

Directrice : Sarah Kœgler-Jacquet
Directrice de projets : Sandra Berthe
Éditrice : Marion Lambert-Gusdorf, assistée de Justine Simorre
Graphiste : Fanny Boiron
Fabrication : Morgane Lajeunesse
Cet ouvrage est imprimé sur papier FSC garantissant la gestion durable des forêts.